Gedichte

Christine Dalliard

Bibliografische Information der Deutschen
Nationalbibliothek: Die Deutsche Nationalbibliothek
verzeichnet diese Publikation in der Deutschen
Nationalbibliografie, detaillierte bibliografische Daten sind
im Internet über http://dnb.dnb.de abrufbar.

© 2019, Christine Dalliard
Herstellung und Verlag:
BoD – Books on Demand, Norderstedt

ISBN: 978-3-7494-1984-5

Lichtblick

Übermächtig,
deine Strahlen.
Unerklärlich,
deine Kraft.
Aussergewöhnlich,
dein Leuchten.
Wärmend,
dein Licht.

Kleinste Kerze,
in dunkelster Nacht.

Gleichgültigkeit

Traurige Gleichgültigkeit scheint zu regieren
über die Menschen und deren Sein.

Stumme Zeugen in abertausenden
berichten lautlos von dieser Seuche.
Ein Virus so unterhört schnell
verbreitet sich unter jedem Volk.

Manche bemerken ihn selbst dann nicht,
wenn ihr Herz zu Grabe getragen wird.

Der Kuss der Muse

Solche Tage sind selten,
Tage an denen die Muse
den wahren Mund küsst,
an denen die Quelle sprudelt,
unaufhörlich sich ergibt.

Gedanken fliessen aus der Tiefe,
Ursprung des Seins
erscheint im Alltag.

Dichten

Dichten
heisst sich den Gedanken stellen,
die andere unterdrücken,
Worte,
die sich daraus formen
so zu lieben, dass sie nicht verloren sein wollen,
eigenes Ich ernster zu nehmen
als die Fesseln der Zeit,
selbst Augenblicke zu schätzen
so als seien sie ganze Leben.

Dichter leben tausendfach
in jedem Wort aufs Neue.

Klarheit

Schmale Spuren
zeichnen deinen Weg.
Kleine Tritte,
Abdrücke der Seele.

Mondlicht erhellt sie.
Bringt Klarheit in dein Chaos.

Unsicherheit

Vielleicht oder nicht,
sicher, aber noch nicht,
keinesfalls, aber mit Optionen.
Wenn dies, dann nicht.

Antworten auf eine Frage.
DIE Frage.
Krieg oder nicht?

Geraubter Friede

Krieg um des Friedens willen,
ein Paradoxon des Grauens.
Massenmorde reissen Wunden,
schüren die Glut des Hasses.
Friedenstauben erschossen,
ihrer Flügel beraubt.
Beschuldigungen ohne Ende,
die Sprache ihrer Worte entrissen.

Das Ziel war Frieden,
einst am Horizont geschaut,
doch durch grausame Mittel vertrieben,
mit einem Schlage verspielt.

DU

Deine Augen sind ein Gedicht,
welches mit geheimnisvollen Worten
der Gelassenheit der Sanftmütigen huldigt.

Deine Lippen sind ein Lied,
welches mit sanfter Melodie
die Reinheit der Unberührten besingt.

Dein Lachen ist ein Feuerwerk,
welches mit bunten Farben
die Herzlichkeit der Gütigen offenbart.

Suchende

Meine Seele kannte diese Sehnsucht
nach ihrem Gegenstück.
In wachen Nächten,
in nachdenklichen Tagen.
Immer wieder der Gedanke
an diesen Pol, der mein Ich ergänzt,
in Liebe berührt.
Den ich ergänze,
mit meiner Liebe zu berühren.
Ich fühle,
deutlicher,
ich weiss,
dass Du ein Ziel dieser Suche bist.
In Dir liegt,
was in mir liegt,
unser in Liebe verbundenes Sein.

Dankbarkeit

Dankbarkeit,
ein so unscheinbares Wesen,
nur selten mehr gesichtet,
scheint sich im Heer der Grossetaten zu verlieren.

Manchmal ein letztes Exemplar sich zeigt,
mit zerzaustem Gefieder.
Von der Selbstherrlichkeit gerupft
Es zaghaft trippelnde Schritte wagt.

Sei bedacht,
auf allen Seiten lauern spitze Schnäbel,
mit Kriegsgeschrei auch letzte Exemplare
dieser unbedarften Störenfriede auszurotten.

Gewitterzeit

Die Wolken hangen regenschwer,
die Sonne ist verkrochen in ihr dunkles Grau,
die kargen Felder sind menschenleer,
nur vor dem Hof steht eine runzlige Frau.

Sie scheint zu warten,
bis das wilde Toben beginnt,
die Blitze in Feuer ausarten,
der Regen in Strömen über sie rinnt.

Erste schwere Tropfen klatschen nieder
auf die gelbe ausgedorrte Erde
und auf eines Vogels schwarzes Gefieder,
der zu flüstern scheint: sterbe!
Alte Frau, dein Warten hat ein Ende,
reich mir deine warmen Hände,
dann fliegen wir zusammen in die Ewigkeit.

Erinnerung

Wenn den Puppen die Arme fehlen,
ihre Körper von Staub durchtränkt
in einer einsamen Ecke schlummern,
halb von einem Tuch bedeckt.

Dann ist Kindheit vorüber,
die gestrenge Welt hält Einzug.
Träume werden in Kisten gepackt,
in die Keller geschleppt.

Freunde ziehen von dannen,
kindlichen Freundschaftsschwur belächelnd.
Die Schaukeln müssen weichen,
der Garten wird kultiviert.
So wie das eigene Ich,
damit niemand erahnt,
dass gar jeder einmal Kind war.

Weisheiten

Wenn ich träume in der Nacht,
ist meine Seele auf Wanderschaft.
Ich geh auf seltenen Wegen,
hoffe dabei auf deinen Segen.
Suche nach meinen Freunden,
nach meinen Verwandten,
die draussen in der Weite
dasselbe Schicksal ereilte:
Sie leben hier neben mir
doch des Tages kenn ich sie nicht,
weil unsere Sinne verschlossen.
Nur in der Nacht
 -    in diesen Träumen,
wird mir ihr Wissen erschlossen,
diese Weisheiten, die uns berühren,
im Leben weiterführen.

Erwachen

Die Sommerdüfte jubilieren,
die Kraft ist aufs Neue erwacht.
Herzverschlingende Kälte
scheint der Sonne gewichen.

Vögel jubilieren in höchstem Tone,
Schmetterlinge spannen ihre Flügel,
selbst Menschen getrauen sich,
ein Lächeln in die Welt zu senden.

Venedig

Stilles Wasser,
modrig grün,
kratzt am Holze der Palazzi,
geheimer Feind ihrer Pracht.

Mückenschwärme tanzen,
den Tanz des Vergänglichen.
Farbe bröckelt
-    Atlantis der Zukunft.

Palazzo Pitti

Palazzo Pitti,
deine Mauern
halten ab,
die Armen und das Leid.

Dein Innres,
Spiegel aus ferner Zeit,
deine Menschen,
die mächtigen Stimmen.

Pracht,
in vollem Mass.
Traurigkeit,
Schicksale,
Einsamkeit,
im Übermass.

Worte

Gesprochene Worte
schweben für Augenblicke
in luftigen Höhen,
zu verebben in Vergessenheit.

Im Herzen einzelne sich verfangen,
zu blühen in seltenen Farben.

Ich weiss

Ich weiss,
dass jeder Tag durch Dich einen besonderen Glanz
erhält,
den in der Nacht die Sterne reflektieren.

Ich weiss,
dass ich meinen Kopf gerne an Deine Schulter
bette,
damit Dein Herzschlag mit dem meinen
verschmilzt.

Ich weiss,
dass meine Gedanken sooft die Deinen sind,
so als wären wir ein Ganzes.

Ich weiss,
dass mir ohne Dein Lachen kalt ist,
dass Deine Worte mich wärmen.

Ich weiss,
dass meinem Leben ohne Dich diese grosse Freude
fehlt,
die Augen zum Weinen und Herzen zum Tanzen
bringt.

Ich weiss,
dass ich Dich liebe.

Für M.

Weihnachtszeit

Silbern rieselt der Schnee,
auf Jacken und in Mantelkrägen,
hochgeschlagen vorm kalten Wind,
in weihnächtlichen Nächten.

Sterne treffen leicht
Mit silbrigem Strahl die Haare,
sanft sie glänzen,
den Engeln gleich.

Dunkle Augen schauen,
ins Angesicht der Rehe,
samtig verklärt,
vom Zauber der Zeit.

Schattenbäume

Schattenbäume in der blauen Stunde stehn,
zu warten auf einen Sonnenstrahl im Morgen.
Dunkle Äste in den Himmel recken,
zu fangen letztes Licht.

Ich stehe am Wegesrand,
lausche leisen Seufzern der aufziehenden Nacht.
Fühle die Unendlichkeit unseres Seins
durch die Dämmerung schimmern.

Herbstblätter

Goldenes Leuchten im Licht,
letzte Blätter noch strahlen.
Doch der Winter sie bricht
um mit Stärke zu prahlen.

Endlos sie fallen im Wind
wie ein einsamer Traum.
Letzte Zeugen sie sind
im erstarrten Raum.

Winterrose

Von winterlichen Armen umfasst,
stilles Fristen der Zeit,
grüne Blätter als Mantel umgehängt,
um der Flocken Weiss zu wehren.

Wind pfeift um letzte Sommerzeugen,
tastet sich bis zum Herzen vor.
Blüten wogen wild zu Boden
Zu sterben für einen Winter.

Sonne hat sich einen Schleier übergelegt,
so wie manchmal unser Sein
von der Hektik des Alltags verwischt
und vom Gewicht der Pflicht beschwert ist.
Dahinter verborgen liegt dennoch die Kraft der
Strahlen.

Auch unser wahres Selbst ist nie verloren,
sondern leuchtet, egal was zu hindern uns
versucht.
Wird sich immer wieder mit aller Kraft zeigen,
wie ein strahlender Sonnentag!

Stille

Später Donnergroll
zieht über Land.
Späht auf Felder,
späht auf Häuser.
Blitz der zuckt,
Flamme im Dachstuhl,
Flamme im Stall.
Schrei des Tieres,
Schrei des Menschen.

Stille.
Stille, die du so unerträglich bist.
Stille, die alles hinterlässt.

Gedanken

Tausend Gedanken,
dieses, jenes, fliesst durch meinen Kopf
-     Jeden Tag.

Wichtiges, Banales
Farbiges und Monotones,
alltäglich Wiederkehrendes,
aussergewöhnlich Neues.
Staunen, träumen, denken.
Manches immer wieder von vorne,
anderes einmalig leuchtend.

Dieses, jenes fliesst durch meinen Kopf
-     Jeden Tag.

Einiges berührt,
vieles verebbt im Belanglosen
Manches sucht unausgetretene Pfade
oder versickert im Vergessen.

Dieses, jenes fliesst duch meinen Kopf
-     Jeden Tag.

Unendliches Fliessen in tausenden Farben
Doch immer wiederkehrend ein Gedanke
schiebt sich zwischen die anderen,
ein berührendes Gefühl breitet sich aus –
Du ziehst mich aus weiter Ferne an.

Für Dich

Wenn ich an Dich denke,
leuchten die Herbstblätter wie tausend
Diamanten,
ihre Farben strahlen warm bis hinein in mein
Herzen.
Ich sehe Dein Lachen,
welches mich so verzaubert,
dass die Freude in meinem Innern tanzt.

Neben Dir zu liegen am Morgen,
wenn der Tag erwacht,
ist wie in ein Wunderland zu blinzeln,
in dem nur die Liebe lebt,
zu begreifen, dass es kein Traum ist,
sondern einfach mein wunderbar glückliches
Leben.

Unser Kind

Kleines Wesen
mit zarten Flügeln in unser Leben geflogen.
Getragen von der Liebe
wirst du wachsen und leben
eigene Fussabdrücke hinterlassen
im Glück und in der Trauer
vertrauen auf deine Familie,
die dich hält und stärkt
wann immer du Liebe und Geborgenheit suchst.

Sei glücklich und froh,
dankbar und frei,
liebevoll und strahlend –
sei einzigartig Du!

Für E.